HENRI PETIT

...ODE

DE LA PÊCHE

SPÉCIALEMENT ÉTABLI A L'USAGE DES

PÊCHEURS, GARDES-PÊCHES

ET GENDARMES

LOIS, RÈGLEMENTS, ARRÊTÉS

CHALONS-SUR-MARNE

IMPRIMERIE MARTIN FRÈRES, PLACE DE LA RÉPUBLIQUE, 50

1905

CODE DE LA PÈCHE

Henri PETIT

Code de la Pêche

SPÉCIALEMENT ÉTABLI A L'USAGE DES

PÊCHEURS, GARDES-PÊCHES

ET GENDARMES

LOIS, RÈGLEMENTS, ARRÊTÉS

CHALONS-SUR-MARNE

IMPRIMERIE MARTIN FRÈRES, PLACE DE LA RÉPUBLIQUE, 50

1905

PRÉFACE

*La loi du 15 avril 1829, modifiée dans plusieurs de
ses dispositions par celle du 6 juin 1840 et celle du 18
novembre 1898 ; — la loi du 31 mai 1865 ; — les décrets
des 7 novembre 1896 et 5 septembre 1897, composent*
principalement *la législation actuellement en vigueur
pour la pêche fluviale.*

*Nous citons ces lois, décrets et de plus certains juge-
ments spéciaux se rattachant au même objet, qu'il est
indispensable aux pêcheurs de connaître.*

*En outre chaque département est soumis à une légis-
lation particulière qui régit la pêche tout spécialement.
Un arrêté réglementant la pêche est pris tous les ans
(généralement en novembre et décembre pour l'année
suivante) par le Préfet de chaque département.* Aucuns
de ces arrêtés ne se ressemblent *puisqu'ils ne régissent
ni les mêmes cours d'eau ni les mêmes départements.*

*En dehors des lois générales de la pêche, cet arrêté
préfectoral est prépondérant pour le département dans
lequel il a été pris ;* il est de toute utilité aux pêcheurs
et aux garde-pêches de le consulter avant tout autre
texte de loi.

*Le cadre de cet opuscule est forcément limité, car
notre but, en le créant, a été de permettre aux pêcheurs
et gardes-pêches, d'avoir, sous un format restreint, les
lois actuellement en vigueur ; ils trouveront, à l'article*
Bibliographie, *la liste des ouvrages où ils pourront
puiser de plus amples renseignements.*

Châlons-sur-Marne, Août 1905.

H. P.

CODE DE LA PÊCHE

PÊCHEURS, GARDES-PÊCHES & GENDARMES

La pêche à la ligne flottante tenue à la main est permise, sauf pendant la période d'interdiction déterminée par l'arrêté préfectoral, dans tous les cours d'eau et rivières navigables, dont la charge et l'entretien appartiennent à l'Etat. — (*Art. 1 et 5, Loi du 15 avril 1829*).

Dans tous les autres cours d'eau, autres que ceux désignés ci-dessus, les riverains seuls ont le droit de pêche, et nul n'a le droit d'y pêcher, sans autorisation, ni des bords, ni d'un bateau, même à la ligne flottante, permise seulement sur les rivières navigables du domaine de l'Etat.

Le droit de pêche s'exerce au profit de l'Etat, dans les fleuves, rivières, canaux, et contre-fossés navigables ou flottables avec bateaux, trains ou radeaux, ainsi que dans les bras, noues, boires et fossés, dans lesquels on peut en tout temps pénétrer librement en bateau de pêcheur.

Sont toutefois exceptés les canaux et fossés existants, ou qui seraient creusés dans des propriétés particulières, et entretenus aux frais des propriétaires. (*Article 1ᵉʳ, Loi du 15 avril 1829*).

Dans toutes les autres rivières, les propriétaires riverains ont chacun de leur côté le droit de pêche jusqu'au milieu du cours d'eau. (*Art.* 2, *Loi du* 15 *avril* 1829).

Par les trois paragraphes ci-dessus il est nettement établi que les rivières se divisent en deux catégories :

1° Les rivières navigables et flottables *dont la charge et l'entretien appartient à l'Etat* et où tout le monde peut pêcher librement à la ligne flottante.

2° Les rivières non navigables dont les riverains sont possesseurs du droit de pêche, même à la ligne.

Il y a donc lieu, si besoin est, en cas de doute, ne sachant à quelle catégorie appartient une rivière, de s'informer près de M. l'Ingénieur en chef chargé du service de la Navigation dans chaque département, si le cours d'eau appartient à l'une de ces deux catégories, car un cours d'eau peut parfois n'être plus navigable ni flottable mais n'être pas déclassé et être toujours à la charge de l'Etat, entrant ainsi dans les eaux du domaine public où tout le monde peut pêcher librement à la ligne.

Dans presque chaque département il y a des cours d'eau appartenant à l'Etat, qui possèdent des réserves destinées à la reproduction du poisson. Ces réserves sont limitées par des poteaux avec écriteaux et *la pêche même à la ligne* y est absolument interdite.

La ligne est considérée comme flottante, tant que l'hameçon n'est pas immobilisé avec son appât au fond de l'eau ; il doit donc être supporté par le flotteur, de manière à ce qu'il descende le courant, s'il y en a un.

De plus, il n'est pas indispensable que la ligne flottante soit munie d'un flotteur ; ainsi, les lignes volantes, à mouche, à fouetter, à rouler, à poisson artificiel, à cuiller sont considérées comme lignes flottantes, pourvu qu'elles soient tenues à la main, et qu'elles ne soient pas immobilisées au fond de l'eau. (*Cour de Besançon,*

19 novembre 1856. — Cour de Paris, 5 février 1862. — Chambéry, 15 mai 1880. — Lyon, 28 juillet 1888. — Cour de Paris, 9 janvier et 2 août 1889. — Meaux, 22 février 1899. — Cour de cassation, 28 novembre 1889).

Par ligne flottante, tenue à la main, on doit entendre une ligne dont la gaule est placée à portée de la main, pendant toute la durée de son séjour dans l'eau, au moyen d'un procédé quelconque (poids, fourches, piquets fichés en terre). Cette ligne tient l'intermédiaire entre la ligne volante et la ligne dormante. Il suffit donc, pour se conformer aux prescriptions de l'article 5 de la loi du 15 avril 1829, que la ligne soit flottante *et à portée de la main de celui qui l'a tenue*, sans qu'il soit besoin de la tenir à la main d'une façon constante. — (*Nancy, 26 mai 1897*).

On peut pêcher avec plusieurs lignes flottantes à la condition qu'elles soient constamment à la portée de la main. (*Nancy, 26 mai 1897*).

Les simples particuliers n'ayant droit qu'à une seule ligne dans les cours d'eau navigables et flottables, appartenant à l'Etat, ceci ne s'applique bien entendu qu'aux pêcheurs à la ligne permissionnaires.

Le pêcheur peut garnir sa ligne de plusieurs hameçons, pourvu qu'elle ne cesse pas d'être flottante. (*Tribunal de Versailles, 24 décembre 1844. — Cour de Paris 21 mai 1851*).

Ainsi, une ligne flottante peut être garnie d'hameçons de toutes formes, de toutes dimensions, en plus ou moins grand nombre : rien n'a été fixé à ce sujet.

Le pêcheur peut aussi se servir de sa ligne sur un bateau aussi bien que sur le bord de l'eau, la loi n'ayant rien disposé à cet égard. (*Cour de Paris*, 28 décembre 1835. — *Cour de Liège*, 29 décembre 1835).

Cependant, un décret du 10 novembre 1885, réglemente la pêche pour les bateaux de plaisance dans lequel il est dit que les pêcheurs à la ligne *en bateau* ne peuvent pêcher qu'avec une ligne armée de *deux hameçons au plus.*

Les Sociétés de pêche à la ligne avaient été obligées pendant un certain temps, par le Ministère des Travaux publics, d'interdire, par leurs statuts, la pêche en bateau à leurs membres. — En mars 1896, le même Ministère a pris une décision qui lève l'interdiction de la pêche en bateau, dont se trouvaient frappées, d'après leurs statuts approuvés, les Sociétés de pêcheurs à la ligne.

Quiconque fait partie ou non d'une Société de pêcheurs à la ligne, a le droit de pêcher en bateau sans qu'il y ait lieu à contravention.

L'emploi de l'épuisette utilisée pour faire sortir de l'eau et saisir plus facilement le poisson déjà licitement enferré à l'aide de la ligne flottante ne constitue pas un délit de pêche. (*Cour de Nancy*, 8 *décembre* 1887).

Dans tous les cours d'eau navigables ou non, la ligne dormante ou de fond a été interdite au pêcheur à la ligne, mais ce n'est pas pour cela un engin prohibé. Le fermier de pêche, et ceux auxquels il accorde des permissions, peuvent en faire usage si aucune prohibition n'est édictée à cet égard, par les règlements préfectoraux. (*Cour de Riom*, 29 *novembre* 1878).

Or, quiconque a la permission de pêcher dans les cours d'eau navigables ou non, avec d'autres engins que la ligne flottante, peut aussi se servir de la ligne de fond, qui n'est interdite par aucun texte de loi.

Le délit de pêche dans une rivière navigable n'est pas excusable à raison même de la bonne foi du prévenu. — Nul ne doit ignorer la loi. (*Cassation*, 11 *juin* 1825).

La possession des filets et engins prohibés n'est pas un délit, et il est interdit de le constater par des visites domiciliaires ; ce qui est un délit, c'est de s'en servir, et le fait doit être expressément constaté.

La pêche n'est permise que depuis le lever jusqu'au coucher du soleil (heure légale). Cependant il est généralement toléré de laisser pêcher jusqu'à la tombée de la nuit ; le crépuscule étant considéré comme jour. Un récent jugement de Château-Thierry (11 nov. 1898) a été rendu en ce sens en faveur des pêcheurs poursuivis.

Il n'en est pas de même pour les engins, par exemple pour la ligne de fond, nases ou verveux ; l'article 7 du décret du 5 septembre 1897 dit : « Le séjour dans l'eau des filets et *engins* ayant les dimensions réglementaires est permis à *toute heure* sous la condition *qu'ils ne peuvent être placés et relevés* que depuis *le lever jusqu'au coucher du soleil.* »

Il n'y a lieu à être en contravention que si l'on profite de la nuit pour venir poser ou relever les engins.

Lorsqu'en matière de pêche, la circonstance aggravante de la récidive vient s'ajouter à celle de nuit, il y a lieu, pour les tribunaux, de prononcer le double du maximum fixé par la loi pénale.(*Cour de Paris*, 5 *janvier* 1899).

Le refus de remettre à un garde pêche l'engin prohibé avec lequel on pêche, constitue à lui seul, alors que le pêcheur est requis par une autorité légitime de remettre son engin, le délit prévu par l'article 41 de la loi du 15 avril 1829. (*Ch. corr.*, 21 *novembre* 1892).

L'individu trouvé porteur de poisson n'ayant pas les dimensions voulues, et qu'il a acheté pour les besoins de sa maison, ne peut être considéré comme colporteur de poisson prohibé, et n'est point passible des peines déterminées par la loi. (*Cour d'appel de Riom*, 28 *juin* 1843).

En temps prohibé, la recherche du poisson peut être faite dans les lieux ouverts au public, et si par suite d'une circonstance quelconque le garde pêche peut constater un transport ou colportage, il doit dresser procès-verbal. — *Mais le droit de recherche qui lui est accordé, ne peut être transformé en droit de visite ;* aucun texte de loi ne qualifie de délit et ne punit le refus, sur la voie publique, d'ouvrir et de laisser visiter un panier par un garde pêche. (*Cour de Toulouse*, 20 *juillet* 1893).

Les aubergistes, restaurateurs et autres débitants, sont seuls soumis aux visites ayant pour objet de constater l'existence de poisson pêché en temps prohibé.

La recherche sur la personne, constitue une atteinte à la liberté individuelle.

Lorsque la pêche est permise pour certaines espèces de poissons et prohibée pour d'autres, un fait de pêche ne constitue pas un délit, s'il est constaté que le pêcheur n'a pris que des poissons dont la pêche est autorisée. (*Agen*, 28 *juin* 1881).

Dans les étangs ou réservoirs, la pêche est entiè-rement libre en tous temps et par tous procédés. Les eaux stagnantes ou mortes, sans communication constante avec une rivière, sont comprises dans cette catégorie, et la pêche appartient au riverain.

La pêche sans permission dans un étang sans communication avec un cours d'eau n'est pas un délit de pêche, mais un vol tombant sous l'application de l'article 388 du code pénal : Quiconque aura volé, ou tenté de voler du poisson en étang, vivier ou réservoir, peut être condamné à un emprisonnement de 1 à 5 ans, et à une amende de 16 à 500 fr. (*Cassation, 11 déc. 1834*).

Depuis le décret du 7 novembre 1896, la surveillance des rivières appartient aux agents du Ministère de l'Agriculture (section des Eaux et Forêts). Ce sont ces gardes qui sont chargés de dresser les procès-verbaux, et *de conclure les transactions*. Celles-ci arrêtent immédiatement les poursuites.

Toute transaction est reputée non avenue si elle n'est pas suivie d'exécution dans le délai de 30 jours, à dater de la décision du Conservateur, du Directeur des forêts, ou du Ministre, suivant le cas. (*Circulaire du 13 janvier 1862*).

Lorsque la transaction a été acceptée et exécutée dans le délai prescrit, l'action des tribunaux est éteinte, et toute poursuite qui serait ultérieurement intentée serait frappée de nullité. (*Caen, 7 avril 1869*).

Loi du 15 Avril 1829, relative à la pêche fluviale

TITRE PREMIER. — Du droit de pêche

ART. 1. — Le droit de pêche sera exercé au profit de l'Etat : 1° Dans tous les fleuves, rivières, canaux et contre-fossés navigables ou flottables avec bateaux, trains ou radeaux, et dont l'entretien est à la charge de l'Etat ou à ses ayants-cause ; 2° Dans les bras, noues, boires et fossés qui tirent leurs eaux des fleuves et rivières navigables ou flottables, dans lesquels on peut, en tout temps, passer ou pénétrer librement en bateau pêcheur, et dont l'entretien est également à la charge de l'Etat. — Sont toutefois exceptés les canaux et fossés existants, ou qui seraient creusés dans les propriétés particulières, et entretenus aux frais des propriétaires.

ART. 2. — Dans toutes les rivières et canaux autres que ceux qui sont désignés dans l'article précédent, les propriétaires riverains auront chacun de son côté, le droit de pêche jusqu'au milieu du cours de l'eau, sans préjudice des droits contraires, établis par possession ou titres.

ART. 3. — Des ordonnances royales, insérées au *Bulletin des Lois*, détermineront, après une enquête *de commodo et incommodo*, quelles sont les parties des fleuves et rivières, et quels sont les canaux désignés dans les deux premiers paragraphes de l'article 1er où le droit de pêche sera exercé au profit de l'Etat. De semblables ordonnances fixeront les limites entre la

pêche fluviale et la pêche maritime dans les fleuves et
rivières affluant à la mer. Ces limites seront les mêmes
que celles de l'inscription maritime; mais la pêche, qui
se fera au-dessus du point où les eaux cesseront d'être
salées, sera toujours soumise aux règles de police et
de conservation établies pour la pêche fluviale. — Dans
le cas où des cours d'eau seraient rendus ou déclarés
navigables ou flottables, les propriétaires qui seront
privés du droit de pêche auront droit à une indemnité
préalable, qui sera réglée selon les formes prescrites
par les articles 16, 17 et 18 de la loi du 18 mars 1810,
compensation faite des avantages qu'ils pourraient
retirer de la disposition prescrite par le gouvernement
(Voy. *Loi du 3 mai 1841 : Expropriation*).

ART. 4. — Les contestations entre l'administration et
les adjudicataires relatives à l'interprétation et à l'exécution des conditions des baux et adjudications, et
toutes celles qui s'élèveraient entre l'administration ou
ses ayants cause, et des tiers intéressés à raison de
leurs droits ou de leurs propriétés, seront portées
devant les tribunaux.

ART. 5. — Tout individu qui se livrera à la pêche
sur les fleuves et rivières navigables ou flottables,
canaux, ruisseaux ou cours d'eau quelconques, sans la
permission de celui à qui le droit de pêche appartient,
sera condamné à une amende de vingt francs au moins,
et de cent francs au plus, indépendamment des dommages-intérêts. — Il y aura lieu, en outre, à la resti-
tution du prix du poisson qui aura été pêché en délit,
et la confiscation des filets et engins de pêche pourra
être prononcée. — Néanmoins, il est permis à tout individu de pêcher à la ligne flottante tenue à la main,
dans les fleuves, rivières et canaux désignés dans les
deux premiers paragraphes de l'article 1er de la présente loi, le temps du frai excepté.

TITRE II. — De l'Administration et de la Régie de la pêche

Art. 6.— Nul ne peut exercer l'emploi de garde pêche, s'il n'est âgé de vingt-cinq ans accomplis.

Art. 7. — Les préposés chargés de la surveillance de la pêche ne pourront entrer en fonctions qu'après avoir prêté serment devant le tribunal de première instance de leur résidence, et avoir fait enregistrer leur commission et l'acte de prestation de leur serment au greffe des tribunaux dans le ressort desquels ils devront exercer leurs fonctions.

Dans le cas d'un changement de résidence qui les placerait dans un autre ressort en la même qualité, il n'y aura pas lieu à une nouvelle prestation de serment.

Art. 8. — Les gardes pêche pourront être déclarés responsables des délits commis dans leurs cantonnements, et passibles des amendes et indemnités encourues par les délinquants, lorsqu'ils n'auront pas dûment constaté les délits.

Art. 9. — *Abrogé par l'article 9 de la loi du 31 mai 1865.*

TITRE III. Des adjudications des cantonnements de pêche

Art. 10. *(Modifié ainsi qu'il suit par la loi du 6 juin 1840).* — La pêche au profit de l'Etat sera exploitée soit par voie d'adjudication publique, soit par concessions de licences, à prix d'argent. Le mode de concessions par licences ne sera employé que lorsque l'adjudication aura été tentée sans succès.

Toutes les fois que l'adjudication d'un cantonnement de pêche n'aura pu avoir lieu, il sera fait mention dans le procès-verbal de la séance des mesures qui auront été prises pour donner toute la publicité possible à la remise en adjudication et des circonstances qui se seront opposées à la location.

Art. 11. — L'adjudication publique devra être annoncée au moins quinze jours à l'avance, par des affiches apposées dans le chef-lieu du département, dans les communes riveraines du cantonnement, et dans les communes environnantes.

Art. 12. — Toute location faite autrement que par adjudication publique, sera considérée comme clandestine et déclarée nulle. Les fonctionnaires et agents qui l'auraient ordonnée ou effectuée, seront condamnés solidairement à une amende égale au double du fermage annuel du cantonnement de pêche. — Seront exceptées les concessions par voie de licence.

Art. 13. — Sera de même annulée toute adjudication qui n'aura point été précédée des publications et affiches prescrites par l'article 11, ou qui aura été effectuée dans d'autres lieux, à autres jour et heure que ceux qui auront été indiqués par les affiches ou les procès-verbaux de remise en location. Les fonctionnaires ou agents qui auraient contrevenu à ces dispositions, seront condamnés solidairement à une amende égale à la valeur annuelle du cantonnement de pêche, et amende pareille sera prononcée contre les adjudicataires en cas de complicité.

Art. 14. *Modifié ainsi qu'il suit par la loi du 6 juin* 1840. — Toutes les contestations qui pourront s'élever pendant les opérations d'adjudication, soit sur la validité des dites opérations, soit sur la solvabilité de ceux qui auront fait des offres et de leurs cautions, seront décidées immédiatement par le fonctionnaire qui aura présidé la séance de l'adjudication.

Art. 15. — Ne pourront prendre part aux adjudications, ni par eux-mêmes, ni par personnes interposées, directement ou indirectement, soit comme parties principales, soit comme associés ou cautions : — 1° Les agents et gardes-forestiers et les gardes-pêche, dans toute l'étendue du royaume, les fonctionnaires chargés de présider ou de concourir aux adjudications, et les receveurs du produit de la pêche, dans toute l'étendue du territoire où ils exercent leurs fonctions. — En cas de contravention, ils seront punis d'une amende qui ne pourra excéder le quart ni être moindre du douzième dn montant de l'adjudication, et ils seront, en outre, passibles de l'emprisonnement et de l'interdiction qui sont prononcées par l'article 175 du code pénal ; — 2° Les parents et alliés en ligne directe, les frères et beaux-frères, oncles et neveux des agents et gardes forestiers et gardes pêche, dans toute l'étendue du territoire pour lequel ces agents ou gardes sont commissionnés ; — En cas de contravention, ils seront punis d'une amende égale à celle qui est prononcée par le paragraphe pré-cédent ; — 3° Les conseillers de préfecture, les juges, officiers du ministère public et greffiers des tribunaux de première instance, dans tout l'arrondissement de leur ressort ; — En cas de contravention, ils seront passibles de tous dommages et intérêts, s'il y a lieu. — Toute adjudication qui sera faite en contravention aux dispositions du présent article, sera déclarée nulle.

Art. 16. *Modifié ainsi qu'il suit par la loi du 6 juin 1840.* — Toute association secrète, toute manœuvre entre les pêcheurs ou autres, tendant à nuire aux adju-dications, à les troubler ou à obtenir les cantonnements de pêche à plus bas prix, donnera lieu à l'application des peines portées par l'article 412 du code pénal, indépendamment de tous dommages-intérêts, et si l'adjudication a été faite au profit de l'association secrète ou des auteurs des dites manœuvres, elle sera déclarée nulle.

Art. 17. — Aucune déclaration de commande ne sera admise, si elle n'est faite immédiatement après l'adju-dication et séance tenante.

Art. 18. — Faute par l'adjudicataire de fournir les

cautions exigées par le cahier des charges dans le délai prescrit, il sera déclaré déchu de l'adjudication par un arrêté du préfet ; et il sera procédé dans les formes ci-dessus prescrites à une nouvelle adjudication du cantonnement de pêche, à sa folle enchère. — L'adjudicataire déchu sera tenu par corps de la différence entre son prix et celui de la nouvelle adjudication, sans pouvoir réclamer l'excédent s'il y en a.

ART. 19. *Supprimé et remplacé ainsi qu'il suit par l'article 2 de la loi du 6 juin* 1840. — Toute adjudication sera définitive du moment où elle sera prononcée, sans que, dans aucun cas, il puisse y avoir lieu à surenchère.

ART 20 *Supprimé et remplacé ainsi qu'il suit par l'article* 2 *de la loi du* 6 *juin* 1840. — Les divers modes d'adjudication seront déterminés par une ordonnance royale. — Les adjudications auront toujours lieu avec publicité et concurrence.

ART. 21. *Modifié ainsi qu'il suit par la loi du* 6 *juin* 1840. — Les adjudicataires sont tenus d'élire domicile dans le lieu ou l'adjudication aura été faite ; à défaut de quoi, tous actes postérieurs leur sont valablement signifiés au secrétariat de la sous-préfecture.

ART. 22. — Tout procès-verbal d'adjudication emporte exécution parée et contrainte par corps contre les adjudicataires, leurs associés et cautions, tant pour le payement du prix principal de l'adjudication que pour accessoires et frais.

Les cautions sont en outre contraignables solidairement et par les mêmes voies au payement des dommages, restitutions et amendes qu'aurait encourus l'adjudicataire.

TITRE IV. — CONSERVATION ET POLICE DE LA PÊCHE

ART. 23. — Nul ne pourra exercer le droit de pêche dans les fleuves et rivières navigables ou flottables, les canaux, ruisseaux ou cours d'eau quelconques, qu'en se conformant aux dispositipns suivantes :

Art. 24. — Il est interdit de placer dans les rivières navigables ou flottables, canaux et ruisseaux, aucun barrage, appareil ou établissement quelconque de pêcherie , ayant pour objet d'empêcher entièrement le passage du poisson. — Les délinquants seront condamnés à une amende de cinquante francs à cinq cents francs, et, en outre, aux dommages-intérêts ; et les appareils ou établissements de pêche seront saisis et détruits.

Art. 25. *Modifié ainsi qu'il suit par la loi du* 18 *novembre* 1898 *(art.* 1*ᵉʳ).* — Quiconque aura jeté dans les eaux des drogues ou appâts qui sont de nature à enivrer le poisson ou à le détruire, sera puni d'une amende de trente francs à cent francs, et d'un emprisonnement d'un mois à trois mois. Ceux qui se seront servis de la dynamite ou d'autres produits de même nature, seront passibles d'une amende de 200 francs à 500 francs, et d'un emprisonnement de trois mois à un an.

Art. 26. — Des ordonnances royales détermineront : 1° Les temps, saisons et heures pendant lesquels la pêche sera interdite dans les rivières et cours d'eau quelconques ; — 2° Les procédés et modes de pêche qui, étant de nature à nuire au repeuplement des rivières, devront être prohibés ; — 3° Les filets, engins et instruments de pêche qui seront défendus comme étant aussi de nature à nuire au repeuplement des rivières ; — 4° Les dimensions de ceux dont l'usage sera permis dans les divers départements, pour la pêche des différentes espèces de poissons ; — 5° Les dimensions au-dessous desquelles les poissons de certaines espèces qui seront désignées, ne pourront être pêchés, et devront être rejetés en rivière ; — 6° Les espèces de poissons avec lesquels il sera défendu d'appâter les hameçons, nasses, filets ou autres engins. (*Ordonnance du* 15 *novembre* 1830, 28 *février* 1842.)

Art. 27. — Quiconque se livrera à la pêche pendant les temps, saisons et heures prohibés par les ordonnances, sera puni d'une amende de trente à deux cents francs. (*Ordonnance du* 15 *novembre* 1830.)

Art. 28. — Une amende de trente à cent francs sera prononcée contre ceux qui feront usage, en quelque temps et en quelque fleuve, rivière, canal ou ruisseau que ce soit, de l'un des procédés ou modes de pêche ou de l'un des instruments ou engins de pêche prohibés par les ordonnances. — Si le délit a eu lieu pendant le temps du frai, l'amende sera de soixante à deux cents francs. (*Ordonnances du* 15 *novembre* 1830, *du* 28 *février* 1842.)

Art. 29. — Les mêmes peines seront prononcées contre ceux qui se serviront, pour une autre pêche, de filets permis seulement pour celle du poisson de petite espèce. — Ceux qui seront trouvés porteurs ou munis hors de leur domicile, d'engins ou instruments de pêche prohibés, pourront être condamnés à une amende qui n'excédera pas vingt francs, et à la confiscation des engins et instruments de pêche, à moins que ces engins ou instruments ne soient destinés à la pêche dans des étangs ou réservoirs. (*Ordonnances du* 15 *novembre* 1830, 28 *février* 1842.)

Art. 30. — Quiconque pêchera, colportera ou débitera des poissons qui n'auront point de dimensions déterminées par les ordonnances, sera puni d'une amende de vingt à cinquante francs, et de la confiscation des dits poissons. Sont néanmoins exceptées de cette disposition, les ventes de poissons provenant des étangs ou réservoirs. — Sont considérés comme des étangs ou réservoirs, les fossés ou canaux appartenant à des particuliers, dès que leurs eaux cessent naturellement de commnniquer avec les rivières.

Art. 31. — La même peine sera prononcée contre les pêcheurs qui appâteront leurs hameçons, nasses, filets ou autres engins avec des poissons des espèces prohibées, qui seront désignées par les ordonnances.

ART. 32. — Les fermiers de la pêche et porteurs de licence, leurs associés, compagnons et gens à gages, ne pourront faire usage d'aucun filet ou engin quelconque, qu'après qu'il aura été plombé et marqué par les agents de l'administration de la police de la pêche. — La même obligation s'étendra à tous autres pêcheurs, compris dans les limites de l'inscription maritime, pour les engins ou filets dont ils feront usage dans les cours d'eau désignés par les paragraphes 1 et 2 de l'article 1er de la présente loi. — Les délinquants seront punis d'une amende de vingt francs pour chaque filet ou engin non plombé ou marqué.

ART. 33. — Les contre-maîtres, les employés du balisage, et les mariniers qui fréquentent les fleuves, rivières et canaux navigables ou flottables, ne pourront avoir dans leurs bateaux ou équipages, aucun engin ou filet de pêche, même non prohibés, sous peine d'une amende de cinquante francs, et de la confiscation des filets. — A cet effet, ils seront tenus de souffrir la visite, sur leurs bateaux ou équipages, des agents chargés de la police de la pêche, aux lieux où ils aborderont. — La même amende sera prononcée contre ceux qui s'opposeront à cette visite.

ART. 34. — Les fermiers de la pêche et les porteurs de licences, et tous pêcheurs en général, dans les rivières et canaux désignés dans les premiers paragraphes de l'article 1er de la présente loi, seront tenus d'amener leurs bateaux, et de faire l'ouverture de leurs loges et hangars, bannetons, huches et autres réservoirs ou boutiques à poisson, sur leurs cantonnements, à toute réquisition des agents et préposés de l'administration de la pêche, à l'effet de constater les contraventions qui pourraient être par eux commises aux dispositions de la présente loi.— Ceux qui s'opposeront à la visite ou refuseront l'ouverture de leurs boutiques à poisson, seront, par ce seul fait, punis d'une amende de cinquante francs.

Art. 35. — Les fermiers et porteurs de licences ne pourront user, sur les fleuves, rivières et canaux navigables que du chemin de halage ; sur les rivières et cours d'eau flottables, que du marche-pied. Ils traiteront de gré à gré avec les propriétaires riverains, pour l'usage des terrains dont ils auront besoin pour retirer et asséner leurs filets.

TITRE V. — Des poursuites en réparation de délit

Art. 36. — Le gouvernement exerce la surveillance et la police de la pêche dans l'intérêt général. — En conséquence, les agents spéciaux par lui institués à cet effet, ainsi que les gardes-champêtres, éclusiers des canaux et autres officiers de police judiciaire, sont tenus de constater les délits qui sont spécifiés au titre IV de la présente loi, en quelques lieux qu'ils soient commis ; et les dits agents spéciaux exerceront, conjointement avec les officiers du ministère public, toutes les poursuites et actions en réparation de ces délits. — Les mêmes agents et gardes de l'administration, les gardes champêtres, les éclusiers, les officiers de police judiciaire, pourront constater également le délit spécifié en l'article 5, et ils transmettront leurs procès-verbaux au procureur du roi.

Art. 37. — Les gardes pêche nommés par l'administration sont assimiliés aux gardes forestiers royaux.

Art. 38. — Ils rechercheront et constateront par procès-verbaux, les délits dans l'arrondissement du tribunal près duquel ils sont assermentés.

Art. 39. — Ils sont autorisés à saisir les *filets et autres instruments de pêche prohibés, ainsi que le poisson pêché en délit.*

Art. 40. — Les gardes pêche ne pourront, sous

aucun prétexte, s'introduire, dans les maisons et enclos y attenant pour la recherche des filets prohibés.

ART. 41. — Les filets et engins de pêche qui auront été saisis comme prohibés, ne pourront, dans aucun cas être remis sous caution ; ils seront déposés au greffe et y demeureront jusqu'après le jugement, pour être ensuite détruits. — Les filets non prohibés, dont la confiscation aurait été prononcée en exécution de l'article 5, seront vendus au profit du Trésor.

En cas de refus de la part des délinquants, de remettre immédiatement le filet déclaré prohibé après la sommation du garde pêche, ils seront condamnés à une amende de cinquante francs.

ART. 42. — Quant au poisson saisi pour cause de délit, il sera vendu sans délai dans la commune la plus voisine du lieu de la saisie, à son de trompe et aux enchères publiques, en vertu d'ordonnance du juge de paix ou de ses suppléants. Si la vente a lieu dans un chef-lieu de canton, ou, dans le cas contraire, d'après l'autorisation du maire de la commune : ces ordonnances ou autorisations seront délivrées sur la requête des agents ou gardes qui auront opéré la saisie, et sur la présentation du procès-verbal régulièrement dressé et affirmé par eux. — Dans tous les cas, la vente aura lieu en présence du receveur des domaines, et, à défaut, du maire ou adjoint de la commune ou du commissaire de police.

ART. 43. — Les gardes pêche ont le droit de requérir directement la force publique pour la répression des délits *en matière de pêche*, ainsi que pour la saisie des filets prohibés et du poisson *péché en délit*.

ART. 44. — Ils écriront eux-mêmes leurs procès-verbaux ; ils les signeront, et les affirmeront, au plus tard le lendemain de la clôture des dits procès-verbaux, par devant le juge de paix du canton ou l'un de ses suppléants, ou par devant le maire ou l'adjoint, soit de la commune de leur résidence, soit de celle où le délit a

été commis ou constaté, le tout, sous peine de nullité.

Toutefois, si par suite d'un empêchement quelconque,
le procès-verbal est seulement signé par le garde pêche,
mais non écrit en entier de sa main, l'officier public
qui [en recevra l'affirmation, devra lui en donner préa-
lablement lecture, et faire ensuite mention de cette
formalité ; le tout sous peine de nullité du procès-
verbal.

ART. 45. — Les procès-verbaux dressés par les
agents forestiers, les gardes généraux et les gardes à
cheval, soit isolément soit avec le concours des gardes
pêche royaux et des gardes champêtres, ne seront
point soumis à l'affirmation.

ART. 46. — Dans le cas où le procès-verbal portera
saisie, il en sera fait une expédition qui sera déposée
dans les vingt-quatre heures au greffe de la justice de
paix, pour qu'il en puisse être donné communication à
ceux qui réclameraient les objets saisis. — Le délai ne
courra que du moment de l'affirmation pour les procès-
verbaux qui sont soumis à cette formalité.

ART. 47. — Les procès-verbaux seront, sous peine de
nullité, enregistrés dans les quatre jours qui suivront
celui de l'affirmation, ou celui de la clôture du procès-
verbal, s'il n'est pas sujet à l'affirmation. — L'enregistrement s'en fera en débet.

ART. 48. — Toutes les poursuites exercées en réparation de délits pour faits de pêche, seront portées devant
les tribunaux correctionnels.

ART. 49. — L'acte de citation doit, à peine de nullité,
contenir la copie du procès-verbal et de l'acte d'affirmation.

ART. 50. — Les gardes de l'administration chargés
de la surveillance de la pêche, pourront, dans les
actions et poursuites exercées en son nom, faire toutes
citations et significations d'exploits, sans pouvoir pro-
céder aux saisies-exécutions. — Leurs rétributions

pour les actes de ce genre seront taxées comme pour les actes faits par les huissiers des juges de paix.

Art. 51. — Les agents de cette administration ont le droit d'exposer l'affaire devant le tribunal, et sont entendus à l'appui de leurs conclusions.

Art. 52. — Les délits en matière de pêche seront prouvés, soit par procès-verbaux, soit par témoins, à défaut de procès-verbaux ou en cas d'insuffisance de ces actes.

Art. 53. — Les procès-verbaux revêtus de toutes les formalités prescrites par les articles 44 et 47 ci-dessus, et qui seront dressés et signés par deux agents ou gardes pêche, font preuve jusqu'à inscription de faux, des faits matériels relatifs aux délits qu'ils constatent, quelles que soient les condamnations auxquelles ces délits peuvent donner lieu. — Il ne sera, en conséquence, admis aucune preuve outre ou contre le contenu de ces procès-verbaux, à moins qu'il n'existe une cause légale de récusation contre l'un des signataires.

Art. 54. — Les procès-verbaux revêtus de toutes les formalités prescrites, mais qui ne seront dressés et signés que par un seul agent ou garde pêche, feront de même preuve suffisante jusqu'à inscription de faux, mais seulement lorsque le délit n'entraînera pas une condamnation de plus de cinquante francs, tant pour une amende que pour dommages-intérêts.

Art. 55. — Les procès-verbaux qui, d'après les dispositions qui précèdent, ne font point foi et preuve suffisante jusqu'à inscription de faux, peuvent être corroborés ou combattus par toutes les preuves légales, conformément à l'article 154 du code d'instruction criminelle.

Art. 56. — Le prévenu qui voudra s'inscrire en faux contre le procès-verbal, sera tenu d'en faire par écrit et en personne, ou par un fondé de pouvoir spécial par acte notarié, la déclaration au greffe du tribunal, avant l'audience indiquée par la citation.

Cette déclaration sera reçue par le greffier du tribunal ; elle sera signée par le prévenu ou son fondé de pouvoir : et dans le cas où il ne saurait ou ne pourrait signer, il en sera fait mention expresse. — Au jour indiqué pour l'audience, le tribunal donnera acte de la déclaration, et fixera un délai de huit jours au moins et de quinze jours au plus, pendant lequel le prévenu sera tenu de faire au greffe le dépôt des moyens de faux, et des noms, qualités et demeures des témoins qu'il voudra faire entendre. — A l'expiration de ce délai, et sans qu'il soit besoin d'une citation nouvelle, le tribunal admettra les moyens de faux, s'ils sont de nature à détruire l'effet du procès-verbal, et il sera procédé sur le faux conformément aux lois. — Dans le cas contraire, et faute par le prévenu d'avoir rempli toutes les formalités ci-dessus prescrites, le tribunal déclarera qu'il n'y a lieu d'admettre les moyens de faux, et ordonnera qu'il soit passé outre au jugement.

Art. 57. — Le prévenu contre lequel aura été rendu un jugement par défaut, sera encore admissible à faire sa déclaration d'inscription de faux pendant le délai qui lui est accordé par la loi pour se présenter à l'audience sur l'opposition par lui formée.

Art. 58. — Lorsqu'un procès-verbal sera rédigé contre plusieurs prévenus et qu'un ou quelques-uns d'entre eux seulement s'inscriront en faux, le procès-verbal continuera de faire foi à l'égard des autres, à moins que le fait sur lequel portera l'inscription de faux ne soit indivisible et commun aux autres prévenus.

Art. 59. — Si, dans une instance en réparation de délit, le prévenu excipe d'un droit de propriété, ou de tout autre droit réel, le tribunal saisi de la plainte, statuera sur l'incident. — L'exception préjudicielle ne sera admise qu'autant qu'elle sera fondée soit sur un titre apparent, soit sur des faits de possession équivalents, articulés avec précision, et si le titre produit ou les faits articulés sont de nature, dans le cas où ils seraient reconnus par l'autorité compétente, à ôter au fait qui sert de base aux poursuites tout caractère de délit. — *Dans le cas de renvoi à fins civiles*, le jugement fixera un bref délai dans lequel la partie qui aura élevé la question préjudicielle devra saisir les juges compétents de la connaissance du litige et justifier de ses diligences, sinon, il sera passé outre. Toutefois, en cas de condamnation, il sera sursis à l'exécution du jugement sous le rapport de l'emprisonnement, s'il était prononcé, et le montant des amendes, restitutions et dommages-intérêts, sera versé à la caisse des dépôts et consignations, pour être remis à qui il sera ordonné par le tribunal qui statuera sur le fond du droit.

ART. 60. — Les agents de l'administration *chargés de la surveillance de la pêche*, peuvent, en son nom, interjeter appel des jugements et se pourvoir contre les arrêts et jugements en dernier ressort; mais ils ne peuvent se désister de leurs appels sans son autorisation spéciale.

ART. 61. — Le droit attribué à l'administration et à ses agents de se pourvoir contre les jugements et arrêts par appel ou par recours en cassation est indépendant de la même faculté qui est accordée par la loi au ministère public, lequel peut toujours en user, même lorsque l'administration ou ses agents auraient acquiescé aux jugements et arrêts.

ART. 62. *Modifié ainsi qu'il suit par l'article 2 de la loi du 18 novembre 1898.* — Les actions en réparation de délits en matière de pêche se prescrivent pour trois mois à compter du jour où les délits ont été constatés.

ART. 63. — Les dispositions de l'article précédent ne sont pas applicables aux délits et malversations commis par les agents, préposés ou gardes de l'administration dans l'exercice de leurs fonctions; les délais de prescription à l'égard de ces préposés et de leurs complices seront les mêmes que ceux qui sont déterminés par le Code d'instruction criminelle.

Art. 64. — Les dispositions du Code d'instruction criminelle sur les poursuites des délits, sur défauts, oppositions, jugements, appels et recours en cassation sont et demeurent applicables à la poursuite des délits spécifiés par la présente loi, sauf les modifications qui résultent du présent titre.

Art. 65. — Les délits qui portent préjudice aux fermiers de la pêche, aux porteurs de licences et aux propriétaires riverains, seront constatés par leurs gardes, lesquels seront assimilés aux gardes-bois des particuliers.

Art. 66. — Les procès-verbaux dressés par ces gardes feront foi jusqu'à preuve contraire.

Art. 67. — Les poursuites et actions seront exercées au nom et à la diligence des parties intéressées.

Art. 68. — Les dispositions contenues aux articles 38, 39, 40, 41, 42, 43, 44, 45, 46, 47 § 1er, 49, 52, 59, 62, 64 de la présente loi, sont applicables aux poursuites exercées au nom et dans l'intérêt des particuliers et des fermiers de la pêche, pour les délits commis à leur préjudice.

TITRE VI. — Des Peines et Condamnations.

Art. 69. — Dans le cas de récidive, la peine sera toujours doublée. — Il y a récidive lorsque, dans les douze mois précédents, il a été rendu contre le délinquant un premier jugement pour délit en matière de pêche.

Art. 70. — Les peines seront également doublées, lorsque les délits auront été commis la nuit.

Art. 71. — Dans tous les cas où il y aura lieu à adjuger des dommages-intérêts, ils ne pourront être inférieurs à l'amende simple prononcée par le jugement.

Art. 72. — Dans tous les cas prévus par la présente loi, si le préjudice causé n'excède pas vingt-cinq francs, et si les circonstances paraissent atténuantes, les tribunaux sont autorisés à réduire l'emprisonnement même au-dessous de six jours, et l'amende même au-dessous

de seize francs : ils pourront aussi prononcer séparé-
ment l'une ou l'autre de ces peines, sans qu'en aucun
cas elles puissent être au-dessous des peines de simple
police.

Art. 73. — Les restitutions et dommages-intérêts
appartiennent aux fermiers, porteurs de licences et
propriétaires riverains, si le délit est commis à leur
préjudice ; mais, lorque le délit a été commis par eux-
mêmes au détriment de l'intérêt général, ces dommages-
intérêts appartiennent à l'Etat. — Appartiennent également à l'Etat toutes les amendes et confiscations.

Art. 74. — Les maris, pères, mères, tuteurs, fermiers
et porteurs de licences, ainsi que tous propriétaires,
maîtres et commettants, seront civilement responsables
des délits en matière de pêche commis par leurs femmes,
enfants mineurs, pupilles, bateliers et compagnons et
tous autres subordonnés, sauf tout recours de droit. —
Cette responsabilité sera réglée conformément à l'article
1384 du Code civil.

TITRE VII. — De l'exécution des jugements.

Art. 75. — Les jugements rendus à la requête de
l'administration chargée de la police de la pêche, ou
sur la poursuite du ministère public, seront signifiés par
simple extrait qui contiendra le nom des parties et le
dispositif des jugements. — Cette signification fera cou-
rir les délais de l'opposition et de l'appel des jugements
par défaut.

Art. 76. — Le recouvrement de toutes les amendes
pour délits de pêche est confié aux receveurs de l'enregistrement et des domaines.

Ces receveurs sont également chargés du recouvrement des restitutions, frais et dommages-intérêts
résultant des jugements rendus en matière de pêche.

Art. 77. — Les jugements portant condamnation à des
amendes, restitutions, dommages-intérêts et frais, sont

exécutoires par la voie de la contrainte par corps ; et l'exécution pourra en être poursuivie cinq jours après un simple commandement fait aux condamnés.

En conséquence, et sur la demande du receveur de l'enregistrement et des domaines, le procureur du roi adressera les réquisitions nécessaires aux agents de la force publique chargés de l'exécution des mandements de justice.

Art. 78. — Les individus contre lesquels la contrainte par corps aura été prononcée pour raison des amendes et autres condamnations et réparations pécuniaires subiront l'effet de cette contrainte jusqu'à ce qu'ils aient payé le montant des dites condamnations, ou fourni une caution admise par le receveur des domaines, ou, en cas de constestation de sa part, déclarée bonne et valable par le tribunal de l'arrondissement.

Art. 79. — Néanmoins les condamnés qui justifieront de leur insolvabilité, suivant le mode prescrit par l'article 420 du code d'instruction criminelle, seront mis en liberté après avoir subi quinze jours de détention, lorsque l'amende et les autres condamnations pécuniaires n'excèderont pas quinze francs.

La détention ne cessera qu'au bout d'un mois, lorsque les condamnations s'élèveront ensemble de quinze à cinquante francs. — Elle ne durera que deux mois, quelle que soit la quantité des dites condamnations. — En cas de récidive, la durée de la détention sera double de ce qu'elle eût été sans cette circonstance.

Art. 80. — Dans tous les cas, la détention employée comme moyen de contrainte est indépendante de la peine d'emprisonnement prononcée contre les condamnés pour tous les cas où la loi l'inflige.

Art. 81. — Les jugements contenant des condamnations en faveur des fermiers de la pêche, des porteurs de licence et des particuliers, pour réparation des délits commis à leur préjudice, seront, à leur diligence, signifiés et exécutés suivant les mêmes formes et voies de contrainte que les jugements rendus à la requête de l'administration chargée de la surveillance de la pêche. — Le recouvrement des amendes prononcées par les mêmes jugements sera opéré par les receveurs de l'enregistrement et des domaines.

ART. 82. — La mise en liberté des condamnés détenus par voie de contrainte par corps à la requête et dans l'intérêt des particuliers, ne pourra être accordée, en vertu des articles 78 et 79, qu'autant que la validité des cautions ou la solvabilité des condamnés aura été, en cas de constestation de la part des dits propriétaires, jugée contradictoirement entre eux.

TITRE VIII. — Dispositions générales.

ART. 83. — Sont et demeurent abrogés, toutes lois, ordonnances, édits et déclarations, arrêts du conseil, arrêtés et décrets, et tous règlements intervenus, à quelque époque que ce soit, sur les matières réglées par la présente loi, en tout ce qui concerne la pêche. — Mais les droits acquis antérieurement à la présente loi seront jugés, en cas de contestation, d'après les lois existant avant sa promulgation.

Loi du 31 mai 1865, relative à la pêche.

Art. 1er. — Des décrets rendus en Conseil d'Etat, après avis des Conseils généraux de département, détermineront : — 1° Les parties des fleuves, rivières, canaux et cours d'eaux réservées pour la reproduction, et dans lesquelles la pêche des diverses espèces de poissons sera absolument interdite pendant l'année entière. — 2° Les parties de fleuves, rivières, canaux et cours d'eau dans les barrages desquels il pourra être établi, après enquête, un passage appelé échelle, destinée à assurer la libre circulation du poisson.

Art. 2. — L'interdiction de la pêche, pendant l'année entière, ne pourra être prononcée pour une période de plus de cinq ans. Cette interdiction pourra être renouvelée.

Art. 3. — Les indemnités auxquelles auront droit les propriétaires riverains qui sont privés du droit de pêche par application de l'article précédent seront réglées par le Conseil de préfecture, après expertise, conformément à la loi du 16 septembre 1807. Les indemnités auxquelles pourra donner lieu l'établissement d'échelles dans les barrages existants seront réglées dans les mêmes formes.

Art. 4. — A partir du 1er janvier 1866, des décrets, rendus sur la proposition des ministres de la marine et de l'agriculture, du commerce et des travaux publics, régleront d'une manière uniforme, pour la pêche fluviale et pour la pêche maritime, dans les fleuves, rivières, canaux, affluant à la mer : — 1° Les époques pendant lesquelles la pêche des diverses espèces de poissons sera interdite ; — 2° Les dimensions au-dessous desquelles certaines espèces ne pourront être pêchées.

Art. 5. — Dans chaque département, il est interdit de mettre en vente, de vendre, d'acheter, de transporter, de colporter, d'exporter et d'importer les diverses espèces de poissons pendant le temps où la pêche en est interdite, en exécution de l'article 26 de la loi du 15 avril 1829. — Cette disposition n'est pas applicable aux poissons provenant des étangs ou réservoirs définis en l'article 30 de la loi précitée.

Art. 6. — L'administration pourra donner l'autorisation de prendre et de transporter, pendant le temps de prohibition, le poisson destiné à la reproduction.

Art. 7. — L'infraction aux dispositions de l'article 1er et du premier paragraphe de l'article 5 de la présente loi sera punie des peines portées par l'article 27 de la loi du 15 avril 1829, et, en outre, le poisson sera saisi et vendu sans délai, dans les formes prescrites par l'article 12 de la dite loi. — L'amende sera double et les délinquants pourront être condamnés à un emprisonnement de dix jours à un mois : — 1° Dans les cas prévus par les articles 69 et 70 de la loi du 15 avril 1829 ; — 2° Lorsqu'il sera constaté que le poisson a été enivré ou empoisonné ; — 3° Lorsque le transport aura lieu par bateaux, voitures ou bêtes de sommes. — La recherche du poisson pourra être faite, en temps prohibé, à domicile, chez les aubergistes, chez les marchands de denrées comestibles et dans les lieux ouverts au public.

Art. 8. — Les dispositions relatives à la pêche et au transport des poissons s'appliquent au frai du poisson et à l'alevin.

Art. 9. — L'article 32 de la loi du 15 avril 1829 est abrogé en ce qui concerne la marque ou le plombage des filets. Des décrets détermineront le mode de vérifi.

cation de la dimension des mailles des filets autorisés pour la pêche de chaque espèce de poisson, en exécution de l'article 26 de la loi du 15 avril 1829.

ART. 10. — Les infractions concernant la pêche, la vente, l'achat, le transport, le colportage, l'exportation ou l'importation du poisson, seront recherchées et constatées par les agents des douanes, les employés des contributions indirectes et des octrois, ainsi que par les autres agents autorisés par la loi du 15 avril 1829 et par le décret du 9 janvier 1852. — Des décrets détermineront la gratification qui sera accordée aux rédacteurs des procès-verbaux ayant pour objet de constater les délits. Cette gratification sera prélevée sur le produit des amendes.

ART. 11. — La poursuite des délits et contraventions et l'exécution des jugements pour infraction à la présente loi auront lieu conformément à la loi du 15 avril 1829 et au décret du 9 janvier 1852.

ART. 12. — Les dispositions législatives antérieures sont abrogées en ce qu'elles peuvent avoir de contraire à la présente loi.

Police de la pêche.

*Décret relatif à la surveillance, à la police
et à l'exploitation de la pêche fluviale.*

Le Président de la République française,

Vu les lois des 14 floréal an X et 15 avril 1829 sur la
pêche fluviale ;

Vu la loi sur la pêche du 31 mai 1865 ;

Vu le décret du 29 avril 1862;

Vu les décrets des 10 août 1875 et 18 mai 1878 portant
règlement général sur la pêche fluviale ;

Sur le rapport du président du conseil, ministre de
l'agriculture et l'avis conforme du ministre des travaux
publics,

Décrète :

Art. 1ᵉʳ.— La surveillance, la police et l'exploitation
de la pêche dans les cours d'eau navigables et flottables
non canalisés, qui ne se trouvent pas dans les limites
de la pêche maritime, ainsi que la surveillance et la
police de la pêche dans les rivières, ruisseaux et cours
d'eau non navigables ni flottables, sont placées dans les
attributions du ministère de l'agriculture et rattachées
à l'administration des forêts.

La pisciculture est également rattachée au ministère
de l'agriculture.

Art. 2. — Le président du conseil, ministre de l'agriculture et le ministre des travaux publics sont chargés,

chacun en ce qui le concerne, de l'exécution du présent décret qui sera inséré au *Bulletin des lois*.

Fait à Paris, le 7 novembre 1896.

FÉLIX FAURE.

Par le Président de la République :

Le Président du conseil,	*Le Ministre*
Ministre de l'agriculture.	*des travaux publics.*
JULES MÉLINE.	A. TURREL.

Décret du 5 Septembre 1897.

(Le décret du 10 août 1875 qui abroge déjà celui du 25 janvier 1868, les décrets des 18 mai 1878, 27 décembre 1889, 9 avril 1892 sont abrogés).

Le Président de la République française,

Sur le rapport du ministre de l'agriculture et du ministre des travaux publics,

Vu les décrets des 10 août 1875, 18 mai 1878, 27 décembre 1889, et 9 avril 1892 sur la pêche fluviale ;

Vu les lois des 15 avril 1829 et 31 mai 1865,

Le Conseil d'Etat entendu,

Décrète :

ART. 1ᵉʳ. — Les époques pendant lesquelles la pêche est interdite en vue de protéger la reproduction du poisson sont fixées comme il suit :

1° Du 30 septembre exclusivement au 10 janvier inclusivement, est interdite la pêche du saumon ;

2° Du 20 octobre exclusivement au 31 janvier inclusivement, est interdite la pêche de la truite et de l'ombre chevalier ;

3° Du 15 novembre exclusivement au 31 décembre inclusivement, est interdite la pêche du lavaret ;

4º Du Lundi qui suit le 15 avril inclusivement au Dimanche qui suit le 15 juin, est interdite la pêche de tous les autres poissons et de l'écrevisse. Si le Lundi qui suit le 15 avril est un jour férié, l'interdiction est retardée de vingt-quatre heures.

Les interdictions prononcées dans les paragraphes précédents s'appliquent à tous les procédés de pêche, même à la ligne flottante tenue à la main.

ART. 2. — Les préfets peuvent, par des arrêtés rendus après avoir pris l'avis des conseils généraux, soit pour tout le département, soit pour certaines parties du département, soit pour certains cours d'eau déterminés :

1º Interdire exceptionnellement la pêche de toutes les espèces de poissons pendant l'une ou l'autre période, lorsque cette interdiction est nécessaire pour protéger les espèces prédominantes ;

2º Augmenter pour certains poissons désignés la durée desdites périodes, sous la condition que les périodes ainsi modifiées comprennent la totalité de l'intervalle de temps fixé par l'article Iᵉʳ ;

3º Excepter de la quatrième période la pêche de l'alose, de l'anguille et de la lamproie, ainsi que des autres poissons vivant alternativement dans les eaux douces et les eaux salées ;

4º Fixer une période d'interdiction pour la pêche de la grenouille.

ART. 3. — Des publications seront faites dans les communes dix jours au moins avant le début de chaque période d'interdiction de la pêche pour rappeler les dates de commencement et de la fin de ces périodes.

ART. 4.— Quiconque pendant la période d'interdiction transporte ou débite des poissons dont la pêche est prohibée, mais qui proviennent des étangs et réservoirs, est tenu de justifier de l'origine de ces poissons.

ART. 5. — Les poissons saisis et vendus aux enchères, conformément à l'article 42 de la loi du 15 avril 1829, ne peuvent être exposés de nouveau en vente.

Art. 6. — La pêche n'est permise que depuis le lever jusqu'au coucher du soleil.

Toutefois la pêche de l'anguille, de la lamproie et de l'écrevisse peut être autorisée après le coucher et avant le lever du soleil dans les cours d'eau désignés et aux heures fixées par des arrêtés préfectoraux, rendus après avis des conseils généraux. Ces arrêtés déterminent pour l'anguille, la lamproie et l'écrevisse, la nature et les dimensions des engins dont l'emploi est autorisé.

La pêche du saumon et de l'alose peut être autorisée par des arrêtés préfectoraux, rendus après avis des conseils généraux, pendant deux heures au plus après le coucher du soleil et deux heures au plus avant son lever dans certains emplacements des fleuves et rivières navigables spécialement désignés.

Art. 7. — Le séjour dans l'eau des filets et engins ayant les dimensions réglementaires est permis à toute heure, sous la condition qu'ils ne peuvent être placés et relevés que depuis le lever jusqu'au coucher du soleil.

Art. 8. — Les dimensions au-dessous desquelles les poissons et écrevisses ne peuvent être pêchés, même à la ligne flottante, et doivent être rejetés à l'eau, sont déterminées comme il suit pour les diverses espèces :

1° Les saumons, 40 centimètres de longueur. Cette prescription s'applique indistinctement à tous les sujets de l'espèce n'ayant pas la dimension ci-dessus fixée, quels que soient d'ailleurs les différents noms dont on les désigne suivant les localités : bacons, tocaux, glezys, guimoisans, cadets, oryeuls, castillons, reneys, etc. ;

2° Les anguilles, 25 centimètres de longueur ;

3° Les truites, ombres-chevaliers, ombres communs, carpes, brochets, barbeaux, brêmes, meuniers, aloses, perches, gardons, tanches, lottes, lamproies et lavarets, 14 centimètres de longueur.

4° Les soles, plies et flets, 10 centimètres de longueur ;

5° Les écrevisses à pattes rouges, 8 centimètres de longueur; celles à pattes blanches, 6 centimètres de longueur.

La longueur des poissons ci-dessus mentionnés est mesurée de l'œil à la naissance de la queue ; celle de l'écrevisse, de l'œil à l'extrémité de la queue déployée.

ART. 9. — Les mailles des filets mesurées de chaque côté, après leur séjour dans l'eau, et l'espacement des verges, bires, nasses et autres engins employées à la pêche des poissons, doivent avoir les dimensions suivantes :

1° Pour les saumons 40 millimètres au moins ;

2° Pour les grandes espèces autres que le saumon et pour l'écrevisse, 27 millimètres au moins ;

3° Pour les petites espèces, telles que goujons, loches, verrons, ablettes et autres, 10 millimètres au moins.

La mesure des mailles et l'espacement des verges sont pris avec une tolérance d'un dixième.

Il est interdit d'employer simultanément à la pêche des engins de catégorie différente.

ART. 10. — Les préfets peuvent, sur l'avis des conseils généraux, prendre des arrêtés pour réduire les dimensions des mailles des filets et l'espacement des verges des engins employés uniquement à la pêche de l'anguille, de la lamproie et de l'écrevisse. Les filets et engins à mailles ainsi réduites ne peuvent être employés que dans les emplacements déterminés par ces arrêtés.

Les préfets peuvent aussi, sur l'avis des conseils généraux, déterminer les emplacements limités en dehors desquels l'usage des filets à mailles de 10 millimètres n'est pas permis.

ART. 11. — Les filets fixes ou mobiles et les engins de toute nature ne peuvent excéder en longueur et en largeur les deux tiers de la largeur mouillée des cours d'eau dans les emplacements où on les emploie.

Plusieurs filets ou engins ne peuvent être employés simultanément sur la même rive ou sur deux rives opposées qu'à une distance ou moins triple de leur développement.

Lorsqu'un ou plusieurs engins employés sont en partie fixes et en partie mobiles, les distances entre les parties fixées à demeure, sur la même rive ou sur les rives opposées, doivent être au moins triples de développement total des parties fixes et mobiles mesurées bout à bout.

Art. 12. — Les filets fixes employés à la pêche doivent être retirés de l'eau et déposés à terre pendant trente-six heures de chaque semaine, du samedi à six heures du soir au lundi à six heures du matin.

Art. 13. — Sont prohibés tous les filets traînants, à l'exception du petit épervier jeté à la main et manœuvré par un seul homme.

Sont réputés traînants tous les filets coulés à fond au moyen de poids et promenés sous l'action d'une force quelconque.

Est pareillement prohibé l'emploi de lacets ou collets. Toutefois, des arrêtés préfectoraux, rendus après avis des conseils généraux, peuvent autoriser, à titre exceptionnel, l'emploi de certains filets traînants à mailles de 40 millimètres au moins pour la pêche d'espèce spécifiées, dans les parties profondes des lacs, des réservoirs de canaux et des fleuves et rivières navigables.

Ces arrêtés désignent spécialement les parties considérées comme profondes dans les lacs, réservoirs de canaux, fleuves et rivières navigables. Ils indiquent aussi les noms locaux des filets autorisés et les heures auxquelles leur manœuvre est permise.

Art. 14. — Il est interdit d'établir dans les cours d'eau des appareils ayant pour objet de rassembler le poisson dans des noues, boires, fossés ou mares dont il ne pourrait plus sortir, ou de le contraindre à passer par une issue garnie de pièges.

Art. 15. — Il est également interdit :

1° D'accoler aux écluses, barrages, chutes naturelles, pertuis, vannages, coursiers d'usines et échelles à poissons, des nasses, paniers et filets à demeure ;

2' De pêcher, avec tout autre engin que la ligne flottante tenue à la main, dans l'intérieur des écluses, barrages, pertuis, vannages, coursiers d'usines et pas· sages ou échelles à poissons ; ainsi qu'à une distance de 30 mètres en amont et en aval de ces ouvrages ;

3° De pêcher à la main, de troubler l'eau et de fouiller au moyen de perches sous les racines ou autres retraites fréquentées par le poisson ;

4° De se servir d'armes à feu, de poudre de mine, de dynamite ou de tout autre substance explosible.

Art. 16. — Les préfets peuvent, après avoir pris l'avis des conseils généraux, interdire en outre, par des arrêtés spéciaux, d'autres engins, procédés ou modes de pêche de nature à nuire au repeuplement des cours d'eau.

Ils détermineront, conformément au paragraphe 6 de l'article 26 de la loi du 15 avril 1829, les espèces de poissons avec lesquelles il est interdit d'appâter les hameçons, nasses, filets ou autres engins.

Art. 17. — Il est interdit de pêcher dans les parties des rivières, canaux ou cours d'eau dont le niveau serait accidentellement abaissé, soit pour opérer des curages ou travaux quelconques, soit par suite de chômage des usines ou de la navigation.

Art. 18. — Sur la demande des adjudicataires de la pêche des cours d'eau navigables et flottables et sur la demande des propriétaires de la pêche des autres cours d'eau et canaux, les préfets peuvent autoriser, dans des emplacements déterminés et à des époques qui ne coïncideront pas avec les périodes d'interdiction, des manœuvres d'eau et des pêches extraordinaires pour détruire certaines espèces dans le but d'en propager d'autres plus précieuses.

Ils peuvent également, en cas de vidange de biefs, sur la proposition faite, suivant les cas, par les ingénieurs ou par les fonctionnaires de l'administration des forêts, autoriser les fermiers ou les propriétaires du droit de pêche à se servir exceptionnellement d'engins n'ayant pas les dimensions règlementaires pour s'emparer du poisson menacé de périr.

ART. 19. — Des arrêtés préfectoraux, rendus sur les avis des conseils de salubrité et des ingénieurs ou des fonctionnaires de l'administration des forêts, déterminent :

1° La durée du rouissage du lin et du chanvre dans les cours d'eau, et les emplacements où cette opération peut être pratiquée avec le moins d'inconvénient pour le poisson;

2° Les mesures à observer pour l'évacuation dans les cours d'eau des matières susceptibles de nuire au poisson et provenant des fabriques et autres établissements industriels quelconques.

ART. 20. — Il est institué au ministère de l'agriculture une commission de la pêche fluviale composée de neuf membres, savoir : un conseiller d'Etat en service ordinaire, président, quatre représentants du ministère de l'agriculture et quatre représentants du ministère des travaux publics.

Le président, en cas de partage, a voix prépondérante.

Les membres de cette commission sont nommés par décret pour une période de trois années.

ART. 21. — Les arrêtés pris par les préfets en vertu des articles 2, 6, 10, 13, 16 et 19 du présent décret ne sont exécutoires qu'après approbation donnée par les ministres de l'agriculture et des travaux publics, chacun en ce qui le concerne, la commission de la pêche fluviale entendue.

Ces arrêtés ne sont valables que pour une année ; ils peuvent être renouvelés.

A la fin de chaque année, les préfets adressent au ministre de l'agriculture et au ministre des travaux publics, chacun en ce qui le concerne, un relevé des autorisations accordées en vertu de l'article 18.

ART. 22. — Les articles du présent décret ne sont applicables ni au lac Léman ni à la Bidassoa, lesquels restent soumis aux lois et règlements qui les régissent spécialement.

ART. 23. — Sont abrogés les décrets des dix août 1875 et 18 mai 1878, 27 décembre 1889, 9 avril 1892 et toutes autres dispositions contraires au présent décret.

ART. 24. — Le ministre de l'agriculture et le ministre des travaux publics sont chargés, chacun en ce qui le concerne, de l'exécution du présent décret, qui sera publié au *Journal Officiel* et inséré au *Bulletin des Lois*.

Fait au Havre, le 5 septembre 1897.

FÉLIX FAURE.

Le Président du conseil,
Ministre des travaux publics,

TURREL.

Le Ministre,
de l'agriculture,

J. MÉLINE.

BIBLIOGRAPHIE

MARTIN. — Code nouveau de la pêche fluviale, annoté et expliqué d'après la jurisprudence de la Cour de Cassation et des Cours d'Appel. — Paris, Léautey, éditeur, 24, rue Saint-Guillaume.

Lois sur la Pêche fluviale, annotées et commentées d'après la jurisprudence de la Cour de Cassation et des Cours d'Appel. — Paris, Léautey, éditeur, rue Saint-Guillaume, 24.

BOULÉ ET LESCUYER. — Code des cours d'eau non navigables ni flottables. — Paris, Pédone-Lauriel, éditeur, 13, rue Soufflot.

LA PÊCHE. — Bibliothèque des renseignements et conseils pratiques. — Paris, Librairie de Paris, 56, rue Jacob.

DALLOZ. — Jurisprudence générale : Répertoire méthodique et alphabétique de législation, de doctrine et de jurisprudence en matière de droit civil, commercial, criminel, administratif, de droit des gens et de droit public. — 19, rue de Lille, Paris.

Châlons, imp. Martin frères.

NOTES

NOTES